NÜTZLICHES DRINKS-WISSEN

FRUCHTIG-FRISCH EINGETROFFEN

AUF DEM TITELBILD
SEHEN SIE DAS REZEPT
FLOWER POWER
VON SEITE 37.

DAS »BAR PROMILLEFREI«-EQUIPMENT

Ohne ein paar Geräte läuft auch beim Mixen spritziger Null-Promille-Drinks nichts.
Die gute Nachricht: Einige lassen sich problemlos ersetzen.

BARMASS Die Nummer 1 aller Bar-Geräte, weil fürs exakte Abmessen der Drink-Zutaten unentbehrlich. Optimal ist ein Doppelmaß aus Edelstahl mit einer Fein-Skalierung für 1, 3 und 4 cl. Gibt's in den Haushaltsabteilungen der Kaufhäuser und kostet nicht die Welt: Mit rund 5 Euro sind Sie dabei. Wenn sich in Ihrem Küchenschrank Schnapsgläser mit 2- und 4-cl-Skalierung finden – bestens: Die »Stamperl« sind ein guter Ersatz.
Und übrigens: **1 cl sind 10 ml!**

SHAKER Damit sich alle Zutaten gut verbinden und gut durchkühlen, werden viele Drinks im Shaker geschüttelt. Bar-Profis bevorzugen den Boston-Shaker aus einem Glas- und einem Metallteil. Für die Zuhause-Bar gut geeignet: ein Edelstahl-Dreiteiler mit Becher, Siebaufsatz und kleinem Deckel. Er ist schön leicht, liegt gut in der Hand, und der Siebaufsatz hält von Eiswürfeln bis hin zu Kräutern alles zurück, was nicht in den Drink soll. Ein Barsieb (s. Seite 5) braucht's darum in der Regel nicht.

BARSIEB Seine Aufgabe erledigt der integrierte Siebaufsatz des dreiteiligen Shakers (s. Seite 4). Allerdings: Dessen Löcher verstopfen, wenn z. B. Früchte im Shakerbecher püreeartig zerstößelt und mitgeschüttelt werden. Dann muss doch das Edelstahl-Teil mit geschlitzter Platte und Drahtspirale her (letztere sorgt für einen guten Sitz auf dem Shakerbecher). Sie haben keines? Dann gießen Sie die Drinks durch ein nicht zu engmaschiges kleines Küchensieb ab.

STÖSSEL Mit ihm holen Sie aus Limetten, Zitronen & Co. den letzten Saft. Was er mitbringen sollte: einen langen Stiel, sodass Sie auch in hohen Gläsern bequem arbeiten können, und einen geriffelten Kopf, der von glatten Schalen nicht so leicht abrutscht.

EISMÜHLE Super praktisch für jede Menge gestoßenes Eis: ein »Ice crusher«. Wenn Sie einen kaufen, dann nach dem Motto »Wenn schon, denn schon«: Massiv und schwer sollte das Kurbel-Gerät sein und ein Edelstahl-Mahlwerk haben – an kippeligen Plastik-Crushern haben Sie nicht viel Freude. Dann die Eiswürfel lieber in ein sauberes Küchentuch wickeln und mit dem Nudelholz klein klopfen.

STANDMIXER Klein geschnittene frische Früchte, ein, zwei Säfte plus einen Spritzer Sirup in den Glasaufsatz, Deckel drauf, Knöpfchen drücken – mit einem Standmixer holen Sie sich einen elektrischen Barkeeper ins Haus. Der für Sie nicht nur die ganze Arbeit macht, sondern auch gleich noch Drinks für viele mixt. Beim Kauf sollten Sie darauf achten, dass er einen spülmaschinengeeigneten Aufsatz und mehrere Leistungsstufen hat.

GIBT'S NOCH
FRAGEN? JA!

WAS MUSS ICH BEIM SCHÜTTELN
IM SHAKER BEACHTEN?

WORAN ERKENNE ICH,
DASS MEIN DRINK ABGIESSBEREIT IST?

EISWÜRFEL –
WIE VIELE BRAUCHE ICH DENN SO?

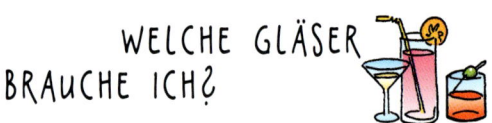

WELCHE GLÄSER
BRAUCHE ICH?

UND DIE DEKO?

Das Schütteln im Shaker ist keine Geheimwissenschaft – alles, worauf es ankommt, ist: **Tempo!** Denn sind Zutaten und Eiswürfel erst einmal im Shaker, muss es schnell gehen, sonst wird der Drink durch **zu viel Schmelzwasser** lasch im Geschmack. Stellen Sie also alle Zutaten und das Barmaß (s. Seite 4) griffbereit, bevor Sie loslegen. Und lassen Sie den fertigen Drink nicht lange im Shaker vor sich hin dämmern, sondern **gießen Sie ihn sofort ab,** sonst verwässert er ebenfalls.

Wenn Sie mit einem **Edelstahl-Shaker** arbeiten, sehen Sie sofort, wann der Drink fertig geschüttelt ist: Wenn der Shaker **außen ganz beschlagen** ist, hat der Drink den richtigen Kältegrad erreicht, und Sie können ihn durch den integrierten Siebaufsatz bzw. das Barsieb (s. Seite 5) ins Glas abgießen und servieren.

Richtig viele, denn laue Drinks schmecken einfach nicht. Rechnen Sie **pro Drink mindestens 8 Eiswürfel:** 4 für den Shaker und 4 fürs Glas. Und möchten Sie ein großes Longdrinkglas mit 300 ml Füllmenge zur Hälfte **mit»crushed ice« füllen,** wandern 6–8 Eiswürfel in die Eismühle (s. Seite 5). Übrigens: Superpraktisch für Eiswürfel in rauen Mengen sind **Eiswürfelbeutel aus Plastik.** Davon passen – flach übereinander gestapelt – auch ins Mini-Gefrierfach eine ganze Menge.

Die für die Drinks in diesem Büchlein am häufigsten verwendeten Gläser finden Sie mit Sicherheit in Ihrem Küchenschrank: **schlichte Bechergläser,** in die 300 ml Flüssigkeit passen. Für einige nicht ganz so voluminöse Drinks sind etwas kleinere Gläser mit 250 ml Fassungsvermögen gefragt, und für den Asia-Aperitif Pink Dragon (s. Seite 11) **150 ml-Coktailschalen.** Nice to have: **große Tumbler,** also weite Bechergläser mit dickem Boden und niedrigerem Rand für 300 ml- Drinks.

Für **die richtige Optik** nie verkehrt: Einige Früchtewürfel, -scheiben und/oder kleine ganze Früchte auf einen Cocktailspieß stecken und diesen auf den Glasrand legen. Noch weniger Arbeit machen dünn abgeschälte Schalenspiralen von z. B. Zitrusfrüchten oder Äpfeln. Und wer auf der Retro-Welle mitreiten möchte, wird in Sachen Schirmchen und Flitter im Haushaltswarengeschäft (oder in den entsprechenden Abteilungen der Kaufhäuser) fündig. Übrigens: Bei vielen der hier vorgestellten Rezepte finden Sie bereits **Vorschläge fürs Aufhübschen der Drinks.**

DIE SORGEN FÜR

VIEL GESCHMACK

»Esst mehr frisches Obst!« Oder trinken Sie es doch einfach, kunterbunt zusammengemixt! Was es dafür braucht? Gar nicht viel:

1 FRUCHTSÄFTE Sie sind die Geschmacksbasis alkoholfreier Drinks schlechthin, darum ist beste Qualität ganz entscheidend: **Fruchtsaft** darf sich nur nennen, was zu 100 % aus Früchten und ohne Zusätze wie Wasser, Zucker, Aroma-, Farb- und Konservierungsstoffe gemacht ist. Auch **Fruchtsäfte aus Fruchtsaftkonzentrat** sind okay: Dem ursprünglich gewonnenen Saft wurde schonend Wasser entzogen und vor der Abfüllung dann wieder zugesetzt, das macht Lagerung und Transport einfacher. **Nektare** und **Fruchtsaft-Getränke** dagegen enthalten jede Menge Chemie und vor allem viel Zucker – mit ihnen lieber nicht mixen. Ausnahmen: Auf Grund von (zu) viel Säure oder wegen der Konsistenz eignen sich Früchte wie z. B. Cranberrys, Maracujas und Bananen nicht zur Saftverarbeitung – hier bleibt nur der Griff zu Nektar oder Fruchtsaft-Getränk.

2 FRISCHE FRÜCHTE Was es an Saft nicht gibt, kommt ganz einfach frisch in Shaker oder Mixer! Darum los und Kiwis im Shakerbecher klein stößeln und mitschütteln (s. Seite 21) oder Brombeeren sämig pürieren und auf den Drink geben (s. Seite 17)! Klar ist **frisches Obst** am allerbesten, aber wenn die Saison z. B. für frische Beeren vorbei ist, greifen Sie zu **tiefgekühlter Ware,** und Lychees kommen dann eben mal **aus der Dose** (s. Seite 11).

3 SIRUPS Sie süßen, verstärken den Geschmack und färben. Sie sind in riesiger Auswahl in den Getränkeregalen gut sortierter Supermärkte erhältlich und halten ewig. Für eine größere Palette muss man leider ganz schön tief in die Tasche greifen, darum machen Sie deshalb Sirups mal selber, z. B. das »Allround-Genie« **Grenadinesirup:** Für ca. 100 ml Sirup 250 ml Granatapfelsaft (frisch gepresst oder Muttersaft aus dem Reformhaus) mit 5 EL Zucker einmal aufkochen und offen bei mittlerer Hitze in 25–30 Min. siruspartig einkochen. Vollständig abkühlen lassen und in eine kleine Flasche umfüllen. Auf diese Weise können Sie aus **jedem Fruchtsaft Sirup kochen.**

4 LIMONADE & CO. Soll's schön prickeln im Glas, kommen sie gerade recht: **Ginger Ale, Zitronenlimo** oder **Bitter Lemon.** Aber bitte nie im Shaker mitschütteln – die Kohlensäure verpufft im wahrsten Sinne des Wortes! Zum Aufgießen spritziger Drinks sollten die Bitzelwässer immer schön kalt sein; darum einige Stunden vor dem Mixen in den Kühlschrank stellen oder gleich dort lagern.

FRUCHTIG-
FRISCH
EINGETROFFEN

schmeckt nach Asien

PINK DRAGON

6 Lychees (100 g; ersatzweise aus der Dose) ++ 6 cl Guavennektar (Asienladen) ++ 4 cl Orangensaft ++ 4 cl Pink Grapefruit-Saft ++ 1 cl Limettensaft

Außerdem: Standmixer ++ gestoßenes Eis ++ 2 Cocktailschalen (je 150 ml)

Für 2 Drinks | Zubereitung: **10 Min.**

----

1 Die Lychees schälen. Das Fruchtfleisch vom Stein schneiden und mit dem ausgetretenen Saft in den Mixer geben (Lychees aus der Dose abtropfen lassen und in den Mixer geben).

2 Den Guavennektar, den Orangensaft, den Pink Grapefruit-Saft und den Limettensaft dazugeben und alles durchmixen, bis eine homogene Flüssigkeit entstanden ist. 6 EL gestoßenes Eis dazugeben und alles noch einmal durchmixen. Den Inhalt des Mixers auf die Cocktailschalen verteilen und die Drinks sofort servieren.

eine Spur
fein-herb

WAIKIKI
SUN BREEZER

8 Kumquats (Zwergorangen)
6 cl Mangosirup
10 cl Mandarinensaft
    (Direktsaft aus dem Kühlregal,
    ersatzweise frisch gepresster Clementinensaft)
6 cl Orangensaft
4 cl Pink Grapefruit-Saft

Außerdem:
2 große Longdrinkgläser (je 300 ml)
Stößel
gestoßenes Eis
2 Trinkhalme

Für 2 Drinks | Zubereitung **10 Min.**

1 Die Kumquats heiß waschen und abtrocknen. Die Kumquats quer in jeweils 4 Scheibchen schneiden, die Kerne mit der Messerspitze entfernen. Die Kumquatscheiben auf die Gläser verteilen.

2 Jeweils 3 cl Mangosirup über die Kumquats geben und die Früchte mit dem Stößel gut zerdrücken. Jedes Glas zur Hälfte mit gestoßenem Eis füllen.

3 In jedes Glas 5 cl Mandarinensaft, 3 cl Orangensaft und 2 cl Pink Grapefruit-Saft geben und die Drinks mit den Trinkhalmen servieren. Vor dem Trinken einmal durchrühren.

Die Minis unter den Zitrusfrüchten stammen aus Asien, sind etwa pflaumengroß mit orangefarbener Schale und schmecken süßlich fein-herb. Sie haben keine bekommen? Dann stößeln Sie pro Drink 1/2 Bio-Limette.

WAS SIND DENN KUMQUATS?

würzig-süß

RED FALL

12 cl Cranberry-Fruchtsaftgetränk ++ 8 cl Birnensaft ++ 2 Spritzer Zitronensaft ++ 2 cl Kirschsirup
2 cl Ahornsirup ++ 2 Prisen gemahlene Gewürznelken

Außerdem: 2 große Longdrinkgläser (je 300 ml) ++ gestoßenes Eis ++ Eiswürfel ++ Shaker
Barsieb ++ 2 Trinkhalme

Für 2 Drinks | Zubereitung **5 Min.**

1 Die Gläser zur Hälfte mit gestoßenem Eis füllen. Das Cranberry-Fruchtsaftgetränk, den Birnensaft, den Zitronensaft, den Kirschsirup und den Ahornsirup mit 8 Eiswürfeln in den Shaker geben. Den Shaker verschließen und etwa 30 Sek. kräftig schütteln.

2 Den Inhalt des Shakers durch das Barsieb auf die Gläser verteilen. Die Drinks mit je 1 Prise gemahlenen Nelken bestreuen und mit den Trinkhalmen servieren. Vor dem Trinken beide Drinks einmal mit dem Trinkhalm durchrühren.

DOPPELDECKER

200 g Brombeeren
4 cl Zuckersirup
16 cl Ananassaft
8 cl Bananennektar
je 4 cl Zitronen- und Limettensaft
4 cl Mandelsirup

Außerdem:
Standmixer
Eiswürfel
2 Longdrinkgläser (je 250 ml)
Shaker | Barsieb
2 Trinkhalme

Für 2 Drinks | Zubereitung **10 Min.**

1 Die Brombeeren waschen und trocken tupfen. Mit dem Zuckersirup in den Mixer geben und fein pürieren. In jedes Glas 4 Eiswürfel geben.

2 Den Ananassaft, den Bananennektar, den Zitronensaft, den Limettensaft und den Mandelsirup mit 8 Eiswürfeln in den Shaker geben. Den Shaker verschließen und etwa 30 Sek. kräftig schütteln. Den Inhalt des Shakers durch das Barsieb auf die Gläser verteilen.

3 Das Brombeerpüree auf die Drinks geben und die Drinks mit den Trinkhalmen servieren. Vor dem Trinken einmal durchrühren.

MEINE TAUSCH-TIPPS
Der Sommer ist vorbei und frische Brombeeren gibt's nicht mehr? Dann einfach **TK-Ware** nehmen und unaufgetaut im Mixer pürieren (so sorgen die Beeren zusätzlich für ein cooles Drink-Klima). Und: **Himbeeren, Erdbeeren** oder **gemischte Beeren** sind, frisch oder tiefgekühlt, ein ebenso gutes Topping für den Doppeldecker.

CINNY-MINI-CRUSH

mit Zimt-Aroma

Für die Zimteiswürfel:
2 Zimtstangen
3 Schalenstreifen von 1 Bio-Zitrone (je 2–3 cm)

Für die Drinks:
8 cl Kirschnektar
8 cl heller Traubensaft
4 cl naturtrüber Apfelsaft
3 cl Karamellsirup
2 Spritzer Zitronensaft

Außerdem:
1 Eiswürfelbeutel
Eismühle
2 große Longdrinkgläser (je 300 ml)
Eiswürfel
Shaker | Barsieb
2 Trinkhalme

Für 2 Drinks | Zubereitung **10 Min.** | Abkühl- und Gefrierzeit **15 Std.**

1 Für die Zimteiswürfel 450 ml Wasser mit den Zimtstangen und der Zitronenschale in einem kleinen Topf einmal aufkochen und zugedeckt bei mittlerer Hitze 3 Min. kochen lassen. Vom Herd nehmen und in ca. 3 Std. vollständig auskühlen lassen. Zimt und Zitronenschale entfernen und das Zimtwasser mithilfe eines kleinen Trichters in einen Eiswürfelbeutel füllen. Im Gefrierfach 12 Std. gefrieren.

2 Für die Drinks 12 Zimteiswürfel in der Eismühle klein crushen und auf die Gläser verteilen. Den Kirschnektar, den Traubensaft, den Apfelsaft, den Karamellsirup und den Zitronensaft mit 8 »normalen« Eiswürfeln in den Shaker geben. Den Shaker verschließen und etwa 30 Sek. kräftig schütteln. Den Inhalt des Shakers durch das Barsieb auf die Gläser verteilen. Die Drinks mit den Trinkhalmen servieren. Vor dem Trinken einmal durchrühren.

GEHT'S AUCH OHNE ZIMTEISWÜRFEL?

Na klar: 12 »normale« Eiswürfel crushen und auf die Gläser verteilen. Jeweils 1 Schalenstreifen von 1 Bio-Zitrone so darüber ausdrücken, dass die ätherischen Öle ins Glas tropfen. Die Schalen in die Gläser geben. Die Zutaten wie links beschrieben shaken, auf die Gläser verteilen. Die Drinks mit etwas Zimtpulver bestreuen.

GREENY

frisch
und leicht

2 reife, aber feste Kiwis (je 130 g)
4 cl Ananassaft
2 Spritzer Limettensaft
8 cl klarer Apfelsaft
3 cl Waldmeistersirup
8 cl klare Zitronenlimonade

Außerdem:
Shaker | Stößel
Eiswürfel
2 große Longdrinkgläser (je 300 ml)
Barsieb (s. Tipp Seite 23)
2 Trinkhalme

Für 2 Drinks | Zubereitung **10 Min.**
----

1 Die Kiwis mit dem Sparschäler schälen. Das Fruchtfleisch klein schneiden und mit dem Ananassaft und dem Limettensaft in den Becher des Shakers geben. Die Kiwis mit dem Stößel gut zerquetschen. Jeweils 4 Eiswürfel in die Gläser geben.

2 Den Apfelsaft und den Waldmeistersirup mit 8 Eiswürfeln in den Shaker geben. Den Shaker verschließen und etwa 30 Sek. kräftig schütteln. Den Inhalt des Shakers durch das Barsieb auf die Gläser verteilen.

3 Die Zitronenlimo in den Shakerbecher geben, einige Male durchschwenken und durch das Barsieb in die Gläser geben. Die Drinks mit den Trinkhalmen servieren.

Gute-
Laune-
Drink

JOHANNITA

100 g Rote Johannisbeeren
3–4 cl Himbeersirup
8 cl Orangensaft
8 cl Ananassaft

Außerdem:
Shaker
Stößel
2 große Longdrinkgläser (je 300 ml)
gestoßenes Eis
Eiswürfel
Barsieb (s. Tipp)
Trinkhalme

Für 2 Drinks | Zubereitung **10 Min.**

1 Die Johannisbeeren waschen, trocken tupfen, von den Rispen streifen und in den Becher des Shakers geben. Den Himbeersirup dazugeben und die Johannisbeeren mit dem Stößel gut zerquetschen. Jedes Glas etwa zur Hälfte mit gestoßenem Eis füllen.

2 Den Orangensaft und den Ananassaft mit 8 Eiswürfeln in den Shaker geben. Den Shaker verschließen und etwa 30 Sek. kräftig schütteln. Den Inhalt des Shakers durch das Barsieb auf die Gläser verteilen. Die Drinks mit den Trinkhalmen servieren.

MEIN MIX-TIPP
Um diesen Drink abzugießen, braucht's ein extra **Barsieb mit geschlitzter Platte** (s. Seite 5), denn die gestößelten Johannisbeeren würden den integrierten Siebaufsatz eines dreiteiligen Shakers verstopfen. **Keins vorhanden?** Dann den Siebaufsatz abnehmen und die Drinks durch ein feines Sieb in die Gläser gießen.

KLASSIKER

NEU

AUFGEMIXT

HONEY
HONEY

Null-Promille-Caipi

2 Bio-Limetten (s. Tipp Seite 45) ++ 2 EL flüssiger Honig (z. B. Blütenhonig) ++ 8 cl naturtrüber Apfelsaft ++ 4 cl Birnensaft ++ 1 cl Blue Curaçao-Sirup (nach Belieben)

Außerdem: Stößel ++ gestoßenes Eis ++ 2 große Tumbler oder Longdrinkgläser (je 300 ml) 2 Trinkhalme

Für 2 Drinks | Zubereitung **10 Min.**

1 Die Limetten heiß waschen und abtrocknen. Die Limetten achteln und in die Gläser geben. Jeweils 1 EL Honig darübergeben und die Limetten mit dem Stößel gut zerquetschen.

2 Jedes Glas bis kurz unter den Rand mit gestoßenem Eis auffüllen. Jeweils 4 cl Apfelsaft und 2 cl Birnensaft hineingeben. Über jeden Drink nach Belieben 1/2 cl Blue Curaçao-Sirup laufen lassen. Die Drinks mit den Trinkhalmen servieren. Vor dem Trinken einmal durchrühren.

UND WIE MACHE ICH DEN KLASSIKER OHNE ALKOHOL?

Ganz einfach: Für 2 Gläser **Virgin Piña Colada** statt Orange und Blutorangensaft 1 Scheibe frische Ananas (ca. 250 g) und 4 cl Ananassaft mitmixen. Die gemahlene Orangenschale dann weglassen und die Drinks mit je 1 Minzezweig dekorieren.

NARANJA
COLADA

1 Orange (ca. 230 g)
4 cl Blutorangensaft
4 cl ungesüßte Kokosmilch (aus der Dose)
4 cl Sahne
4 cl Zuckersirup
1 EL Kokosflocken
4–6 Prisen getrocknete gemahlene Orangenschale
   (ersatzweise Fertigprodukt aus dem Backregal)

Außerdem:
Standmixer
gestoßenes Eis
2 Longdrinkgläser (je 250 ml)
2 Trinkhalme

Für 2 Drinks | Zubereitung **10 Min.**

1 Von der Orange die Schale so wegschneiden, dass auch die weiße Innenhaut entfernt wird. Die Fruchtfilets mit einem scharfen Messer über dem Mixer aus den Trennhäutchen schneiden, sodass der austretende Saft mit in den Mixer kommt.

2 Den Blutorangensaft, die Kokosmilch, die Sahne, den Zuckersirup und die Kokosflocken mit 6 EL gestoßenem Eis dazugeben und alles durchmixen, bis eine homogene Flüssigkeit entstanden ist.

3 Den Inhalt des Mixers auf die Gläser verteilen. Die Drinks mit jeweils 2–3 Prisen getrockneter gemahlener Orangenschale bestreuen und mit den Trinkhalmen servieren.

MEIN DEKO-TIPP

Schnell und einfach: Pro Glas **1 Orangenscheibe** bis zur Mitte einschneiden und an den Glasrand stecken. Nach Belieben noch je **1 Cocktailschirmchen** an die Orangenscheiben stecken.

CITROJO

2 Bio-Limetten (s. Tipp Seite 45)
20–24 Blättchen Zitronenmelisse
4 TL brauner Zucker
2 cl Zuckersirup
eiskalte Bionade »Kräuter« zum Aufgießen

Außerdem:
2 Tumbler oder große Longdrinkgläser (je 300 ml)
Stößel
gestoßenes Eis
2 kurze Trinkhalme

Für 2 Drinks | Zubereitung **10 Min.**

1 Die Limetten heiß waschen und abtrocknen. Die Limetten achteln und in die Gläser geben. Die Melisseblättchen kalt abspülen, trocken tupfen und auf die Gläser verteilen. Je 2 TL braunen Zucker und 1 cl Zuckersirup dazugeben und die Limetten mit dem Stößel gut zerquetschen.

2 Die Gläser bis kurz unter den Rand mit gestoßenem Eis auffüllen und mit Bionade »Kräuter« aufgießen. Die Drinks mit den Trinkhalmen servieren. Vor dem Trinken einmal durchrühren.

MEIN TAUSCH-TIPP
Statt der Zitronenmelisse auch mal **frische Minze** nehmen – dann kommt der Drink seinem kubanischen Verwandten Mojito noch näher.

WAS IST DENN BIONADE?

Das ist eine Bio-Limo, die nach dem Brauprinzip hergestellte wird. Es gibt sie in unterschiedlichen Geschmacksrichtungen in Bioläden und Supermärkten zu kaufen. Nicht bekommen? Die Drinks mit Ginger Ale aufgießen und den Zuckersirup weglassen – das Ginger Ale ist süßer als die Bionade.

Sunrise ganz ohne Tequila

TROPICAL SUNRISE

8 cl Orangensaft ++ 8 cl Ananassaft ++ 4 cl Aprikosennektar ++ 4 cl Maracujanektar
2 Spritzer Limettensaft ++ 4 cl Grenadinesirup (s. Seite 8)

Außerdem: Eiswürfel ++ 2 große Longdrinkgläser (je 300 ml) ++ Shaker ++ Barsieb
2 Trinkhalme

Für 2 Drinks | Zubereitung **10 Min.**

1 In jedes Glas 4 Eiswürfel geben. Den Orangensaft, den Ananassaft, den Aprikosennektar, den Maracujanektar und den Limettensaft mit 8 Eiswürfeln in den Shaker geben. Den Shaker verschließen und etwa 30 Sek. kräftig schütteln.

2 Den Inhalt des Shakers durch das Barsieb auf die Gläser verteilen. Jeweils 2 cl Grenadinesirup über die Drinks laufen lassen. Die Drinks mit den Trinkhalmen servieren. Vor dem Trinken einmal durchrühren.

ICE-T-REX

Eistee mal anders

Für den Teesirup:
4 Blättchen frische
   Minze
1 TL lose schwarze
   Teeblätter
3 cl Limettensaft
2 EL Krümelkandis

Für die Drinks:
16 Lemon-Eiswürfel
   (s. Rezept Seite 39)
8 cl naturtrüber Apfelsaft
eiskaltes kohlensäurehaltiges
   Mineralwasser zum
   Aufgießen

Außerdem:
Teebeutel aus Stoff oder Papier
Eismühle
2 große Longdrinkgläser
   (je 300 ml)
2 Trinkhalme

Für 2 Drinks | Zubereitung **10 Min.** | Koch- und Abkühlzeit **55 Min.**

1 Für den Teesirup die Minzeblättchen waschen, trocken tupfen und mit den Teeblättern in einen Teebeutel geben. 170 ml Wasser mit dem Limettensaft und dem Kandis in einem kleinen Topf einmal aufkochen. Den Teebeutel dazugeben und offen bei mittlerer Hitze 5 Min. leise kochen lassen. Den Teebeutel entfernen und den Sirup offen weitere 20 Min. köcheln lassen. Vom Herd nehmen und in 30 Min. vollständig abkühlen lassen.

2 Für die Drinks die Lemon-Eiswürfel in der Eismühle crushen und auf die Gläser verteilen. Jeweils 5 cl Teesirup und 4 cl Apfelsaft darübergießen. Die Drinks mit Mineralwasser aufgießen und mit den Trinkhalmen servieren. Vor dem Trinken einmal durchrühren.

MIT PRICKEL

UND

ZISCH

Frische-Kick

MELONEN-LIMO

1 Stück Wassermelone (450 g) ++ 4 cl Himbeersirup ++ eiskalte klare Zitronenlimonade zum Aufgießen

Außerdem: Shaker ++ Stößel ++ Eiswürfel ++ Barsieb ++2 große Longdrinkgläser (je 300 ml) 2 Trinkhalme

----
Für 2 Drinks | Zubereitung **10 Min.**
----

1 Von der Wassermelone die Schale wegschneiden und die Kerne entfernen. Das Fruchtfleisch grob würfeln und in den Becher des Shakers geben. Den Himbeersirup darübergeben und das Melonenfleisch mit dem Stößel gut zerquetschen.

2 Jeweils 4 Eiswürfel in die Gläser und 8 Eiswürfel zu dem Melonenfruchtfleisch und dem Sirup in den Shaker geben. Den Shaker verschließen und etwa 30 Sek. kräftig schütteln. Den Inhalt des Shakers durch das Barsieb auf die Gläser verteilen.

3 8 cl Zitronenlimonade in den Shaker geben und einige Male durchschwenken. Die Zitronenlimonade durch das Barsieb auf die beiden Gläser verteilen. Die Drinks mit Zitronenlimonade aufgießen und mit den Trinkhalmen servieren.

ICH MAG ABER KEINEN INGWER …

Gar kein Problem – den Ingwer beim Sirupkochen einfach weglassen.
Schmeckt auch ohne nach Flower Power!

schön
bunt

FLOWER
POWER

Für den Orangen-Ingwer-Sirup:
1 Stück frischer Ingwer
(ca. 1 cm)
150 ml Orangensaft
2 EL Zucker

Für den Drink:
1 Bio-Zitrone (s. Tipp Seite 45)
1 cl Limettensaft
8 cl klare Zitronenlimonade
eiskaltes kohlensäurehaltiges
Mineralwasser zum Aufgießen
1–2 cl Grenadinesirup (nach
Belieben; s. Seite 8)

Außerdem:
gestoßenes Eis
2 große Long-
drinkgläser
(je 300 ml)
2 Trinkhalme

Für 2 Drinks | Zubereitung **10 Min.** | Koch- und Abkühlzeit **55 Min.**

1 Für den Sirup den Ingwer mit dem Sparschäler schälen, in dünne Scheibchen schneiden und mit dem Orangensaft und dem Zucker in einem kleinen Topf einmal aufkochen. Offen bei mittlerer Hitze in ca. 25 Min. sirupartig einkochen lassen. Vom Herd nehmen, den Ingwer entfernen und den Sirup in ca. 30 Min. vollständig abkühlen lassen.

2 Die Zitrone heiß waschen, abtrocknen und quer in 6 dünne Scheiben schneiden. In jedes Glas 2 1/2 cl Orangen-Ingwer-Sirup geben. Abwechselnd jeweils 2–3 EL gestoßenes Eis und 3 Zitronenscheiben in die Gläser schichten; die letzte Schicht sollte gestoßenes Eis sein.

3 Jeweils 1/2 cl Limettensaft und 4 cl Zitronenlimonade darübergießen. Die Drinks mit Mineralwasser aufgießen. Nach Belieben jeweils 1/2–1 cl Grenadinesirup darüberlaufen lassen. Mit den Trinkhalmen servieren. Vor dem Trinken gründlich durchrühren.

Schmeckt auch der Mistress!

MISTER MINT

Für die Lemon-Eiswürfel:
je 5 cl Limetten- und Zitronensaft
4 cl Zuckersirup

Für die Drinks:
eiskaltes Bitter Lemon zum Aufgießen
2 cl grüner Pfefferminzsirup

Außerdem:
Eiswürfelbeutel | Eismühle
2 Longdrinkgläser (je 250 ml)
2 Trinkhalme

Für 2 Drinks | Zubereitung **10 Min.**
Gefrierzeit **12 Std.**

----

1 Für die Eiswürfel den Limetten- und Zitronensaft sowie den Zuckersirup mit 200 ml Wasser mischen und mithilfe eines kleinen Trichters in einen Eiswürfelbeutel gießen. Im Gefrierfach 12 Std. gefrieren lassen.

2 16 Lemon-Eiswürfel in der Eismühle crushen und auf die Gläser verteilen. Mit Bitter Lemon aufgießen. Jeweils 1 cl Pfefferminzsirup auf die Drinks geben. Die Drinks mit den Trinkhalmen sofort servieren. Vor dem Trinken einmal durchrühren.

MEIN DEKO-TIPP
Noch jeweils **1 Minzezweig** in die Drinks gesteckt (vorher waschen und trocken tupfen), und Mister Mint macht seinem Namen wirklich alle Ehre!

STRAWBERRY FIELD

FOREVER

mit fein-
herber
Note

80 g TK-Erdbeeren	**Außerdem:**
8 cl Cranberry-Fruchtsaftgetränk	Standmixer
4 cl Limettensirup	2 große Longdrinkgläser (je 300 ml)
2 cl Bitter-Sirup (z. B. von Monin)	gestoßenes Eis
eiskaltes kohlensäurehaltiges	2 Trinkhalme
Mineralwasser zum Aufgießen	

Für 2 Drinks | Zubereitung **10 Min.**

1 Die gefrorenen Erdbeeren mit dem Cranberry-Fruchtsaftgetränk, dem Limettensirup und dem Bitter-Sirup in den Mixer geben. Alles durchmixen, bis eine homogene Flüssigkeit entstanden ist. Den Inhalt des Mixers auf die Gläser verteilen.

2 Die Gläser bis kurz unter den Rand mit gestoßenem Eis füllen und einmal durchrühren. Mit dem eiskalten Mineralwasser aufgießen und die Drinks mit den Trinkhalmen servieren. Vor dem Trinken die Drinks einmal durchrühren.

MEIN TAUSCH-TIPP
Statt Erdbeeren passen auch **Himbeeren** perfekt in den Drink. So oder so: **Tiefgekühlte Beeren** nehmen – sie kühlen den Drink zusätzlich und sind das ganze Jahr über zu haben.

WO BEKOMME ICH DEN BITTER-SIRUP?

Den Non-alcoholic-Ersatz für
Bitter-Aperitifs wie Campari gibt's
im gut sortierten Getränkeregal
und natürlich auch online – z. B.
unter www.barfish.de oder
www.spiri-versand.de.

schaumig-süß

SODA ITALIANA

2 große Kugeln Vanilleeis (je 60 g; Fertigprodukt) ++ 8 cl eiskalter Orangensaft ++ 2 Spritzer Limettensaft ++ 2 cl Amarettosirup ++ eiskalte Orangenlimonade zum Aufgießen

Außerdem: 2 große Longdrinkgläser (je 300 ml) ++ 2 Trinkhalme

Für 2 Drinks | Zubereitung **5 Min.**

1 Das Vanilleeis auf die Gläser verteilen. Jeweils 4 cl Orangensaft, 1 Spritzer Limettensaft und 1 cl Amarettosirup darübergeben.

2 Die Gläser mit Orangenlimo aufgießen und die Drinks mit den Trinkhalmen servieren. Vor dem Trinken einmal durchrühren.

MEIN DEKO-TIPP
Für den großen Auftritt: Von 1 **Bio-Orange** (vorher waschen und abtrocknen; s. Tipp Seite 45) mit dem Sparschäler 2 **lange Schalenstücke** abschälen und diese an die Glasränder hängen.

MARE
MARA

Exoten-power

1 Bio-Limette (s. Tipp Seite 45)
6 cl naturtrüber Apfelsaft
6 cl Maracujanektar
2 cl Zuckersirup
eiskaltes Ginger Ale zum Aufgießen

Außerdem:
2 große Longdrinkgläser (je 300 ml)
gestoßenes Eis
2 Trinkhalme

Für 2 Drinks | Zubereitung **5 Min.**

---

1 Die Limette heiß waschen, abtrocknen und achteln. Jedes Glas zur Hälfte mit gestoßenem Eis füllen. Jeweils 3 cl Apfelsaft, 3 cl Maracujanektar und 1 cl Zuckersirup in die Gläser geben.

2 Die Gläser mit Ginger Ale auffüllen. Jeweils 4 Limettenstücke über den Gläsern ausdrücken, die Limettenstücke mit in die Gläser geben. Die Drinks mit den Trinkhalmen servieren. Vor dem Trinken einmal durchrühren.

MUSS ES EINE BIO-LIMETTE SEIN?

Ja! Denn nur bei Bio-Ware können Sie sicher sein, dass weder vor noch nach der Ernte Chemiekeulen eingesetzt wurden. Da die Früchte dennoch meist gewachst sind, bitte immer heiß waschen!

Unsere Garantie

Alle Informationen in diesem Ratgeber sind sorgfältig und gewissenhaft geprüft. Sollte dennoch einmal ein Fehler enthalten sein, schicken Sie uns das Buch mit dem entsprechenden Hinweis an unseren Leserservice zurück. Wir tauschen Ihnen den GU-Ratgeber gegen einen anderen zum gleichen oder ähnlichen Thema um.

Liebe Leserin und lieber Leser,

wir freuen uns, dass Sie sich für ein GU-Buch entschieden haben. Mit Ihrem Kauf setzen Sie auf die Qualität, Kompetenz und Aktualität unserer Ratgeber. Dafür sagen wir Danke! Wir wollen als führender Ratgeberverlag noch besser werden. Daher ist uns Ihre Meinung wichtig. Bitte senden Sie uns Ihre Anregungen, Ihre Kritik oder Ihr Lob zu unseren Büchern. Haben Sie Fragen oder benötigen Sie weiteren Rat zum Thema? Wir freuen uns auf Ihre Nachricht!

Wir sind für Sie da!
Montag – Donnerstag: 8.00 – 18.00 Uhr;
Freitag: 8.00 – 16.00 Uhr
Tel.: 0180 - 5 00 50 54* *(0,14 €/Min. aus
Fax: 0180 - 5 01 20 54* dem dt. Festnetz/
                                            Mobilfunkpreise
E-Mail: können abweichen.)
leserservice@graefe-und-unzer.de

P.S.: Wollen Sie noch mehr Aktuelles von GU wissen, dann abonnieren Sie doch unseren kostenlosen GU-Online-Newsletter und/oder unsere kostenlosen Kundenmagazine.

GRÄFE UND UNZER VERLAG
Leserservice
Postfach 86 03 13
81630 München

Die Autorin

Alessandra Redies studierte Philosophie, Germanistik und Buchwissenschaft in München und ist für Geistiges auch in flüssiger Form zu haben: Über zehn Bücher rund ums Thema Schütteln und Rühren hat sie inzwischen geschrieben, darunter auch den Bestseller Cocktails. Ihre Leidenschaft gehört aber auch den Drinks ganz ohne Promille – zumal wenn ein scharfer Geist gefragt ist ...

Das Fotostudio

FOODPHOTOGRAPHY EISING
München ist eines der führenden Fotostudios für Lebensmittelfotografie mit internationalen Kunden aus Werbung und Design. Die Fotos in diesem Buch wurden von **Martina Görlach** und **Sandra Eckhardt** gemacht. Das Foodstyling gestaltete **Michael Koch**, und **Ulla Krause** stellte die Requisite zusammen.

Bildnachweis

Titelfoto und U4: Klaus-Maria Einwanger, Rosenheim; alle anderen: FoodPhotography Eising/Martina Görlach

Programmleitung: Doris Birk
Leitende Redakteurin: Stephanie Wenzel
Redaktion: Stefanie Poziombka
Lektorat: Adelheid Schmidt-Thomé
Korrektorat: Susanne Elbert
Layout, Typographie und Umschlaggestaltung: Lucie Schmid, independent Medien-Design, München
Illustrationen Seite 6, 48 und U3: Harold Lazaro, Backyard10, München; außer U3 Nr. 4: Betti Trummer, Karlsruhe
Satz: Filmsatz Schröter, München
Herstellung: Gloria Pall
Reproduktion: Penta Repro, München
Druck und Bindung: Druckhaus Kaufmann, Lahr

ISBN 978-3-8338-0905-7

1. Auflage 2008

Ein Unternehmen der
GANSKE VERLAGSGRUPPE

GU Just Cooking

Die brandneuen »Klein, aber oho!«-Kochbücher

ISBN 978-3-8338-0662-9 · 48 Seiten

ISBN 978-3-8338-0664-3 · 48 Seiten

ISBN 978-3-8338-0670-4 · 48 Seiten

ISBN 978-3-8338-0661-2 · 48 Seiten

ISBN 978-3-8338-0685-8 · 48 Seiten

ISBN 978-3-8338-0666-7 · 48 Seiten

Änderungen und Irrtum vorbehalten

Das macht sie so besonders:

- **Einfach einsteigen** – mit ein, zwei Happen Küchenpraxis
- **Einfach loskochen** – mit gelingsicheren Rezepten

Willkommen im Leben.

ÜBER DEN GLASRAND

1 Der Berühmteste aus Zitronenlimo, Ginger Ale und Grenadine heißt »Shirley Temple« und ist nach dem in den 1930er-Jahren populären Kinderstar und Kino-Kassenmagnet benannt. Shirley Temple ist aber nicht nur Cocktail-Namensgeberin, sondern auch die bis heute jüngste Oscar-Gewinnerin: Sie erhielt die begehrte Trophäe im zarten Alter von sechs Jahren. **2 Der Einfachste** mit gerade mal zwei Zutaten: ein Gemisch aus Fruchtsaft und Mineralwasser, im süddeutschen Raum Schorle genannt. Die Herkunft dieser Bezeichnung ist unsicher – eventuell ist sie eine Hinterlassenschaft der im 19. Jahrhundert in Süddeutschland stationierten französischen Soldaten. Deren Vorliebe: ein Gemisch aus Wasser und Wein, das mit dem Trinkspruch »Toujours l'amour!« (»Auf die Liebe!«) hinuntergekippt wurde. Das hat sich im Deutschen abgeschliffen: von »Jourlamour« über »Schorlemorle« bis hin zu »Schorle«. **3 Der Grundstoff** Wichtigste Basis für Null-Promille-Drinks sind Fruchtsäfte – übrigens noch gar nicht so lange in aller Munde: Früher gab's »flüssiges Obst« nur zur Erntezeit, denn man kannte kein Verfahren,